1492 - 2015
El Exilio y El Regreso a España

DECRETO DE EXPULSION DE LOS JUDIOS DE ESPAÑA
Decreto de la Alhambra o Edicto de Granada
[31 de Marzo de 1492]

RESPUESTA DE ISAAC ABRAVANEL AL EDICTO DE
EXPULSIÓN DE LOS JUDÍOS DE ESPAÑA

CONCESIÓN DE LA NACIONALIDAD ESPAÑOLA A LOS
SEFARADÍES ORIGINARIOS DE ESPAÑA
[Ley 12/2015, de 24 de Junio]

Introduceión

Jorge F. Hernández

La Expulsión de los Judíos y El Retorno de los Sefardíes
como Nacionales Españoles. Un Análisis Histórico-
Jurídico

Celia Prados García

Sefardíes y Nacionalidad Española
Ramón García Gómez

COLECCIÓN

ANTES 1492 DESPUÉS

Jorge Pinto Books Inc.

1492 - 2015

El Exilio y El Regreso a España

Derechos de la edición © Jorge Pinto Books Inc. 2018

La presente edición,contiene una nueva tipografía de los textos clásicos e incluye los ensayos de la Profesora Celia Prados García y el Profesor Ramón García Gómez asi como la introducción de Jorge F. Hernández

Para la edicion se utilizarn los texos digitales de los siguientes sitios web: 1) WiKi Sorde: https://en.wikisource.org/wiki/Alhambra_decree 2) http://constitucionweb.blogspot.tw/2010/07/decreto-de-expulsion-de-los-judios-de.html Siguiendo la edición 3) https://www.scribd.com/document/148415505/ABRAVANEL-ISAAC-Respuesta-Al-Edicto-de-Expulsion || https://www.boe.es/diario_boe/txt.php?id=BOE-A-2015-7045

Derechos de la edición © Jorge Pinto Books Inc. 2018.
© Celia Prados García. (2011). La expulsión de los judíos y el retorno de los sefardíes como nacionales españoles. Un análisis histórico-jurídico. En F. J. García Castaño y N. Kressova. (Coords.). *Actas del I Congreso Internacional sobre Migraciones en Andalucía* (pp. 2119-2126). Granada: Instituto de Migraciones. ISBN: 978-84-921390-3-3.
© Ramón García Gómez, Sefardíes y Nacionalidad Española, Crónica de Legislación (Enero-Junio 2015) *Ars Iuris Salmanticensis,*vol. 3, diciembre 2015, 203-206 eISSN: 2340-515 © Ediciones Universidad de Salamanca
Diseño de la portada y tipografía © Old &New | East & West Cultural Services, 2018. Producido en iStudio Publisher.

ISBN: 978-1-934978-66-5

CONTENIDO

NOTA EDITORIAL

1492-2015 el Exilio y el Regreso a España

1492 es el año en el que se manifiestan de manera clara las serias contradicciones que caracterizaban la vida en España en la época y representa un verdadero parteaguas en su historia. Por una parte, el espíritu emprendedor y la búsqueda de nuevos horizontes conducen al descubrimiento de América y al encuentro con nuevas culturas. Por otro lado, la intolerancia y la cerrazón de la inquisición obliga al exilio o a la sumisión a una importante comunidad que formaba parte de su capital humano, capital que otros imperios, particularmente el Otomano, reciben haciendo suyo ese activo intelectual y económico. Muchos autores consideran que la decadencia de España se inicia con el fanatismo, la expulsión de los judíos y árabes y con ella, la perdida de una parte relevante de su elite empresarial y cultural.

En este volumen se publican los textos íntegros del Decreto de la Alhambra o Edicto de Granada de expulsión de los judíos de España firmado por los Reyes Católicos Fernando e Isabel, el 31 de Marzo de

1492 así como la Respuesta al citado Edicto, del teólogo judío Isaac Abravanel, quien actuaba paradójicamente en ese momento como financiero y asesor del rey.

Entre los argumentos y su rotunda negativa a abandonar su religión, en el discurso que contradice los supuestos que justifican la expulsión, Abravanel declara que "no es un gran honor cuando un judío es llamado a asistir por el bienestar y seguridad de su pueblo, pero es desgracia mayor que el Rey y la Reina de Castilla y Aragón y por supuesto de toda España tenga que buscar su gloria en gente inofensiva." Como puede apreciarse en el texto, la argumentación de Abravanel reviste un carácter religioso, además de confrontar directamente a las mas altas autoridades de España a quienes considera serán "…la causa de su decadencia no mostrará a nadie más que a sus reverenciados soberanos Católicos, Fernando e Isabel, conquistadores de los moros, expulsores de los judíos, fundadores de la Inquisición y destructores de inquisitivas mentes de los españoles."

Las razones que dieron origen al citado Decreto aún se debaten. Se le atribuyen al inquisidor y consejero de la reina, fray Tomás de Torquemada la autoría y la idea de abandonar la pluralidad cultural que existía con relativa paz en España en favor de un estado totalitario donde no cabían las religiones que profesaban las minorías árabes y judías. El Decreto obliga a la comunidad Sefardí a optar por la conversión a la religión Católica o abandonar su país.

Siguiendo el ejemplo de Isaac Abravanel y otros lideres, un gran número de sefardíes españoles cuyos ancestros habían llegado a España 1,500 años antes, tuvieron que salir de su país por negarse a cambiar su religión por otra con la que no comulgaban. El Decreto les permitió llevarse sus bienes muebles y vender sus propiedades, en muchos casos a muy bajo precio. Una gran mayoría opta por la conversión y en muchos casos, años después fueron víctimas del marianismo, calumnias, persecución y procesos de la inquisición.

Mas allá del impacto económico que en muchas ciudades de España tuvo el exilio de las familias sefardíes, la pesadumbre de sus vecinos y conciudadanos es descrita por el cronista Andrés Bernáldez en su libro Historia de los Reyes Católicos D. Fernando y Doña Isabel. No obstante su explicita antipatía por los judíos por su situación privilegiada,

Bernáldez describe la tristeza de quienes eran testigos de su partida "No havía christiano que no oviese dolor de ellos…"

El ensayo de la Profesora de la Universidad de Granada, Celia Prados García *La expulsión de los judíos y el retorno de los sefardíes como nacionales españoles. Un análisis histórico-jurídico*/2, que se reproduce en este volumen junto con una completa bibliografía, hace referencia a la diáspora que se produce con la expulsión de los judíos de España en 1492 y posteriormente al exilio de los llamados conversos, acusados "constantemente de prácticas judaizantes" por la inquisición, ominosa institución cuyas acciones se extienden hasta el Nuevo Mundo. Cien años después del famoso Edicto, en 1596 Luis Rodríguez Carbajal es procesado por el Santo Oficio en México y muere en "auto de fe" junto con su madre y tres hermanas. Dicho proceso lo describe el destacado antropólogo e historiador mexicano, Pablo Martinez del Rio en su libro *Alumbrado*/2 que próximamente será reeditado como parte de esta colección.

En el estudio referido, la Profesora Celia Prados García menciona las ciudades en las que se desarrollan las mas importantes comunidades sefardíes fuera de España que incluyen, además de las del Imperio Otomano y los países del Norte Africa, importantes metrópolis como Ámsterdam, Roma, Venecia, Turquía y Hamburgo.

Para definir el concepto de diáspora, la Profesora Prados García cita un importante articulo de James Clifford, destacado historiador y antropólogo de la Universidad de California en Santa Fe; Las diásporas están constituidas por "Comunidades minoritarias expatriadas que se han dispersado, .. que conservan una memoria, una visión o un mito acerca de su tierra de origen; ... que consideran el hogar ancestral como un lugar de regreso final,..."/3

Como señala la citada autora, a partir del Siglo XIX se encuentran intentos por derogar el Decreto de 1492. En su ensayo señala que en 1860 se constituye una comunidad judía en Sevilla como resultado de los contactos de Gobierno español con las comunidades sefardíes en territorios del imperio Otomano y otros países. Recuerda que en esa época tienen lugar distintos eventos e iniciativas de ley las cuales describe con cierto detalle en su ensayo y son antecedentes directos de la Ley 12/2015, de 24 de junio, en materia de concesión de la nacionalidad española a los sefardíes originarios de España de la cual se reproducen los primeros tres Preámbulos. "Es evidente que la configuración de la identidad sefardí en las sucesivas diásporas sirvió de base al legislador español para derogar el Edicto de Expulsión de 1492 y articular el retorno de los mismos a través del Real Decreto de 1924 sobre concesión de nacionalidad española por carta de naturaleza a protegidos de origen español."

La ley vigente de 24 de junio de 2015, en materia de concesión de la nacionalidad española a los sefardíes originarios de España destaca el origen de la palabra "Sefarad", "con la que se conoce a España en lengua hebrea, tanto clásica como contemporánea. En verdad, la presencia judía en tierras ibéricas era firme y milenaria"/4

Haciendo explícito el propósito del legislador el texto señala que "…la presente Ley pretende ser el punto de encuentro entre los españoles de hoy y los descendientes de quienes fueron injustamente expulsados a partir de 1492, y se justifica en la común determinación de construir juntos, frente a la intolerancia de tiempos pasados, un nuevo espacio de convivencia y concordia, que reabra para siempre a las comunidades expulsadas de España las puertas de su antiguo país."

Como señala el Profesor de la Universidad de Salamanca Ramón García Gómez en su ensayo *Sefardíes y Nacionalidad Española*/5, la legislación vigente constituye, "sin duda, un paso de gigante en la definitiva extinción de una deuda histórica con los sefardíes al posibilitarles la adquisición de la nacionalidad española a los «originarios de España» descendientes de los expulsados en 1492, con el aliciente añadido de la exención de renuncia a su nacionalidad previa y sin exigencia de residencia en España."

La ley contiene dos elementos fundamentales que se destacan en el ensayo del Profesor García Gómez. Para obtener la nacionalidad por carta de naturaleza, no hace falta la residencia . Asimismo, se reforma el artículo 23 del Codicio Civil para permitir a los sefardíes originarios de España mantener su nacionalidad anterior sin tener que renunciar a la que tenían con anterioridad, con lo cual la doble nacionalidad deja de ser un obstáculo. El Profesor García Gómez señala que dicha reforma demuestra que "el legislador considera que la condición de sefardí es, en sí misma, una circunstancia de carácter excepcional que permite la concesión de la nacionalidad española, suprimiendo la necesidad de residencia y la obligatoriedad de renuncia a la nacionalidad anterior, como venía sucediendo hasta el 1 de octubre de 2015."

Hay dos principios básicos para otorgar la nacionalidad por naturaleza. El primero, la acreditación de la condición de sefardí de origen, para lo cual la ley admite como documentos probatorios, el certificado expedido por el Presidente de la Comisión Permanente de la Federación de Comunidades Judías de España, o la mas alta autoridad de la comunidad judía del país de residencia o ciudad natal del interesado.

El segundo principio que la ley establece como condición para obtener la nacionalidad, es la acreditación de una vinculación especial con España, lo que implica pasar dos exámenes. El primero de conocimientos de la Constitución, las leyes, historia, costumbres y la realidad actual del país y para aquellos que no sean residentes o nacionales de un país iberoamericano, una segunda prueba para demostrar su dominio del idioma español. Ambas pruebas son administradas por los Institutos Cervantes en los lugares de residencia del solicitante.

La ley contiene además otra serie de criterios de carácter general para probar esa especial vinculación, particularmente, la "realización de actividades benéficas, culturales o económicas a favor de personas o instituciones españolas o en territorio español, así como aquellas que se desarrollen en apoyo de instituciones orientadas al estudio, conservación y difusión de la cultura sefardí." Para no limitar esta condición, la ley deja abierta la posibilidad de utilizar otras circunstancias que demuestren fehacientemente su especial vinculación con España.

Por tratarse de razones extraordinarias para otorgar la nacionalidad española por naturaleza, la ley establece un plazo de tres años para realizar los tramites el cual termina en 2018, los cuales detalla el Profesor García Gómez en su ensayo. Asimismo, el Gobierno de España se reserva el derecho de evaluar las solicitudes. Finalmente el otorgamiento lo hace el

Consejo de Ministros a propuesta del Ministerio de Justicia.

No hay duda de la importancia de esta ley en materia de derechos a comunidades expulsadas en un muy lejano pasado. Asimismo, la ley claramente se inscribe en el contexto jurídico de la Constitución española de 1978 que ha permitido los ciudadanos españoles a vivir en un estado democrático plural y tolerante que ha traído paz, prosperidad relativa y sobre todo libertad a todos sus habitantes, independientemente de su ideología o religión.

En una época en la que la xenofobia y el nacionalismo extremo esta reviviendo en las mas sólidas democracias, incluida la de Estados Unidos, resulta un ejemplo loable el que España haya encontrado formas relativamente simple y bien reglamentadas para restablecer la nacionalidad a toda una comunidad que durante mas de 500 años de manera tangible conservo sus vínculos con la cultura española que siguió considerándola propia.

Nuestro sincero agradecimiento a la Profesora, Dra. Celia Prados García y al Profesor Ramón García Gómez su generosa autorización para publicar sus textos que son particularmente relevantes para entender un evento político que aún conmueve pero sobre todo incita a una seria reflexión.

Notas:

1/ Pablo Martinez del Rio, *Alumbrado*, Porrua Hermanos, 1937

2/ Celia Prados García. *La expulsión de los judíos y el retorno de los sefardíes como nacionales españoles. Un análisis histórico-jurídico*. En F. J. García Castaño y N. Kressova. (Coords.). Actas del I Congreso Internacional sobre Migraciones en Andalucía (pp. 2119-2126). Granada: Instituto de Migraciones. ISBN: 978-84-921390-3-3, 2011

3/ James Clifford. *Las diásporas en Itinerarios transculturales*. Barcelona.1999

4/ Ley 12/2015, de 24 de junio, en materia de concesión de la nacionalidad española a los sefardíes originarios de España. *Boletín Oficial del Estado* Núm 151, Jueves 25 de junio de 2015 Sec. I. Pág. 52557

5/ Ramón García Gómez, Sefardíes y Nacionalidad Española. Crónica de Legislación Civil (Enero-Junio 2015) *Ars Iuris Salmanticensis*, vol. 3, diciembre 2015, 203-206 eISSN: 2340-5155 Ediciones Universidad de Salamanca

Además de los estudios de los profesores Celia Prados García y Ramón García Gómez y, se incluye una introducción del escritor Jorge F. Hernández.

COLECCIÓN ANTES 1492 DESPUÉS

Precedido de los libros La Lozana Andaluza, Laberinto de Fortuna y Cárcel de Amor agregamos 1492-2015, Exiílio y el Regreso a España, el cuarto volumen de la colección ANTES 1492 DESPUÉS, Clásicos Españoles de los siglos XIII al XVIII. Esta nueva serie complementa la Colección "Rediscovered Books" (Libros Redescubiertos) entre cuyos textos están las *Cartas entre Hermann Hesse y Thomas Mann* con una introducción de Pete Hamill, así como las biografías de *Stendhal*, *Rousseau* y *Victor Hugo* de Matthew Josephson y dos obras del autor inglés Charles Morgan quien en los años 30s figuró entre los autores mas leídos. En español incluimos en la colección la famosa novela *Santa* de Federico Gamboa con un breve ensayo de Cristina Pacheco, *El Delirio de Santa*.

Es nuestra convicción que los libros son motores del aprendizaje. Vivimos una época en la que "el conocimiento es poder". Peter Drucker, el famoso filósofo de los negocios, imaginaba el surgimiento de los "trabajadores del conocimiento", frase que acuñó en La era de la discontinuidad/1 (1969). En nuestras sociedades cambiantes, la lectura es una necesidad. Es, también, un placer extraordinario.

Desde el año 711 España enfrento una serie de conquistas musulmanas desde Africa del Norte. Después de numerosas guerras y reconquistas, con la caída de Granada en 1492 se recupera el ultimo reducto Arabe en España, seguida por la expulsión de los musulmanes de su territorio. Asimismo, en ese año de grandes descubrimientos, los Reyes Católicos emitieron un edicto que obligaba a los Judíos españoles a convertirse en Cristianos y dejar su religión y sus costumbres o abandonar su país.

Hasta ese momento, España había ocupado un lugar preponderante en Europa como un centro multicultural, artístico y científico, donde a pesar de los conflictos, convivían distintas lenguas, religiones, costumbres y, modos de vida. Destacaba la presencia Sefardí en el mundo de las finanzas y el comercio y de manera destacada en el de la poesía, la literatura, la ciencia y la filosofía.

No obstante que en la selección de los primeros títulos de la colección predominan autores de origen Sefardí, la colección no esta centrada en los antepasados o la religión de sus autores, sino en la calidad e importancia de las obras. La colección busca "redescubrir" y contribuir en la difusión de textos clásicos poco conocidos y al mismo tiempo, mostrar la grandeza intelectual de España en una época en la que sobresale en el terreno de las letras y en los viajes a nuevos y desconocidos continentes y culturas.

Italo Calvino piensa que "un clásico es un libro que jamás ha agotado todo lo que tiene que decir a sus lectores"./2 Siguiendo esta idea, esta colección propone recuperar los clásicos españoles que además de conservar su valor e importancia, tienen mucho que comunicar en nuestro mundo moderno.

------

1. Peter Drucker. *The Age of Discontinuity:* Guidelines to Our Changing Society. New York: Harper & Row, 1969

2. Italo Calvino. *Por que Leer los Clásicos*. Editoral Siruela, 2009,

RABINO

Introducción Jorge F. Hernández

El lector tiene en sus manos el remoto antecedente de no pocos argumentos contemporáneos que apuntalan la represión, prohibición o expulsión de migrantes de toda época o creencia a partir de la fuerza o autoritarios criterios de la espada en sus diversas formas, pero también la respuesta de la razón, el lamento callado y la serenidad de la dignidad intacta con la que dicho Decreto fue contestada. Estas páginas reúnen las lanzas que rasgaron la piel de las piedras y el espejo donde jamás se olvidarán los precisos nombres del dolor.

Antes MCDXCII Después

Quizá el lector del siglo XXI se sorprenda ante los inesperados descubrimientos que le depara la lectura del pasado impredecible para una posible lectura del futuro, pues cada paso fugaz de nuestro presente parece reflejarse en el espejo de un ayer lejano. Aparentemente lejano, pues los títulos que conforman esta Colección de Clásicos Españoles de los siglos XIII al XII abrevan del mismo ánimo que dejaron en tinta los descubrimientos insólitos, las reyertas y reconciliaciones, los rencores y amores de los hombres que poblaban el paisaje del mundo mucho antes de poderlo contemplar desde las nubes o de que los pétalos de sus minúsculos universos se pudieran palpar en microscopios de alta definición.

El año MCDXCII quedó signado por los errores de cálculo de un navegante al parecer de origen genovés que se fue a la tumba en tierra seca habiendo navegado el ancho mar convencido de haber llegado a las Indias Orientales como confirmación de la redondez del planeta; el mismo año en que los Reyes Católicos, Isabel de Castilla y Fernando de Aragón limpiaron finalmente sus camisas blancas luego del largo empeño por conquistar Granada y expulsar de su imperio a los ocho siglos de presencia musulmana y al mismo tiempo, las pesadas llaves, versos y maneras del migrante pueblo judío. Al tiempo que en la Universidad de Alcalá de Henares se firmaba la primera gramática de la lengua española con el nombre de Antonio Nebrija, los lamentos sefarditas y el último suspiro del moro quedarían tatuados en la enredada cerámica de la memoria peninsular que nos ronda la imaginación hasta nuestros días: sea como posible explicación al miedo indecible de nuestra era o al retorno de la utopía de Toledo cuando las tres principales religiones monoteístas de Occidente dialogaban a la sombra de sus respectivas cúpulas, minaretes y campanarios.

Los autores y títulos de esta Colección de Libros Redescubiertos revelan en sus tramas y personajes la pervivencia de los amores que nos hipnotizan hoy y los recelos que despiertan la ira del crimen que sucederá mañana; son mural de pergaminos que parecen pantalla inteligente o bien, no más que aquella tablilla de cera que se encontró Don Quijote en una alforja olvidada. Se escribía con buril de madera sobre el espejo como jabón, y al tiempo se fundieron en metal los tipos móviles para que el invento de la imprenta tatuara sobre pliegos de papel las palabras y los párrafos, las páginas y los pasos de todas esas historias que ahora vuelven a nuestras manos para leerse al tacto —ya sea en las yemas de los dedos sobre papel o pantalla — o al oído, en las calladas voces con las que confirmamos el murmullo del tiempo.

Silencio… la lectura de hoy mismo ya escucha las voces diversas de un pasado intacto. Son los ecos de los gritos o murmullos en secreto que alguien desatará mañana mismo.

Jorge F. Hernández

Madrid 2017

Jorge F. Hernández (México, 1962) realizó estudios de Doctorado en Historia por la Universidad Complutense de Madrid y en 1987 obtuvo el Premio Nacional de Historia Regional Mexicana con Mención Honorífica por su libro La soledad del silencio (Fondo de Cultura Económica, 1991) y el Premio Nacional de Cuento Efrén Hernández 2000 por el relato "Noche de ronda"; ha publicado cuatro libros de cuentos y una antología, Un montón de piedras (Alfaguara, 2012); cinco libros de ensayos y crónicas, entre las que ha antologado la columna "Agua de azar" que publica desde el año 2000 en MILENIO diario de México, con prólogos de Antonio Muñoz Molina y Juan Villoro y es autor de cuatro novelas, entre ellas, La Emperatriz de Lavapiés (nueva edición, Alfaguara, 2016) con la que quedó Finalista del Primer Premio Internacional de Novela Alfaguara en 1998. Actualmente, vive en Madrid donde colabora en el diario El País con las columnas "Café de Madrid", "Cartas de Cuévano" y "Contraquerencia", además de publicar sus dibujos que ya han sido recopilados en el libro El dibujo de la escritura (Alfaguara, 2016).

DECRETO DE EXPULSION DE LOS JUDIOS DE ESPAÑA

Decreto de la Alhambra o Edicto de Granada
Reyes Católicos (Fernando e Isabel)
31 de Marzo de 1492
Los Reyes Fernando e Isabel, por la gracia de Dios, Reyes de Castilla, León, Aragón y otros dominios de la corona- al príncipe Juan, los duques, marqueses, condes, ordenes religiosas y sus Maestres,... señores de los Castillos, caballeros y a todos los judíos hombres y mujeres de cualquier edad y a quienquiera esta carta le concierna, salud y gracia para él.

Bien es sabido que en nuestros dominios, existen algunos malos cristianos que han judaizado y han cometido apostasía contra la santa fe Católica, siendo causa la mayoría por las relaciones entre judíos y cristianos. Por lo tanto, en el año de 1480, ordenamos que los judíos fueran separados de las ciudades y provincias de nuestros dominios y que les fueran adjudicados sectores separados, esperando que con esta separación la situación existente sería remediada, y nosotros ordenamos que se estableciera la Inquisición en estos dominios; y en el término de 12 años ha funcionado y la Inquisición ha encontrado muchas personas culpables además, estamos informados por la Inquisición y otros el gran daño que persiste a los cristianos al relacionarse con los judíos, y a su vez estos judíos tratan de todas maneras a subvertir la Santa Fe Católica y están tratando de obstaculizar cristianos creyentes de acercarse a sus creencias.

Estos Judíos han instruido a esos cristianos en las ceremonias y creencias de sus leyes, circuncidando a sus hijos y dándoles libros para sus rezos, y declarando a ellos los días de ayuno, y reuniéndoles para enseñarles las historias de sus leyes, informándoles cuando son las festividades de Pascua y como seguirla, dándoles el pan sin levadura y las carnes preparadas ceremonialmente, y dando instrucción de las cosas que deben abstenerse con relación a alimentos y otras cosas requiriendo el seguimiento de las leyes de Moisés, haciéndoles saber a pleno conocimiento que no existe otra ley o verdad fuera de esta. Y así lo hace claro basados en sus confesiones de estos judíos lo mismo a los cuales han pervertido que ha sido resultado en un gran daño y detrimento a la santa fe Católica, y como nosotros conocíamos el verdadero remedio de estos daños y las dificultades yacían en el interferir de toda comunicación entre los mencionados Judíos y los Cristianos y enviándolos fuera de todos nuestros dominios, nosotros nos contentamos en ordenar si ya dichos Judíos de todas las ciudades y villas y lugares de Andalucía donde aparentemente ellos habían efectuado el mayor daño, y creyendo que esto seria suficiente de modo que en esos y otras ciudades y villas y lugares en nuestros reinos y nuestras posesiones seria efectivo y cesarían a cometer lo mencionado. Y porque hemos sido informados que nada de esto, ni es el caso ni las justicias hechas para algunos de los mencionados judíos encontrándolos muy culpables por lo por los susodichos crímenes y transgresiones contra la santa fe Católica han sido un remedio completo obviar y corregir estos delitos y ofensas. Y a la fe Cristiana y religión cada día parece que los Judíos incrementan en continuar su maldad y daño objetivo a donde residan y conversen; y porque no existe lugar donde ofender de mas a nuestra santa creencia, como a los cuales Dios ha protegido hasta el día de hoy y a aquellos que han sido influenciados, deber de la Santa Madre Iglesia reparar y reducir esta situación al estado anterior, debido a lo frágil del ser humano, pudiese ocurrir que podemos sucumbir a la diabólica tentación que continuamente combate contra nosotros, de modo que, si siendo la causa principal los llamados judíos si no son convertidos deberán ser expulsados de el Reino.

Debido a que cuando un crimen detestable y poderoso es cometido por algunos miembros de algún grupo es razonable el grupo debe ser absuelto o aniquilado y los menores por los mayores serán castigados uno por el otro y aquellos que permiten a los buenos y honestos en las ciudades y en las villas y por su contacto puedan perjudicar a otros deberán ser expulsados del grupo de gentes y a pesar de menores razones serán perjudiciales a la República y los mas por la mayoría de sus crímenes seria peligroso y contagioso de modo que el Consejo de hombres eminentes y caballeros de nuestro reinado y de otras personas de conciencia y conocimiento de nuestro supremo concejo y después de muchísima deliberación se acordó en dictar que todos los Judíos y Judías deben abandonar nuestros reinados y que no sea permitido nunca regresar.

Nosotros ordenamos además en este edicto que los Judíos y Judías cualquiera edad que residan en nuestros dominios o territorios que partan con sus hijos e hijas, sirvientes y familiares pequeños o grandes de todas las edades al fin de Julio de este año y que no se atrevan a regresar a nuestras tierras y que no tomen un paso adelante a traspasar de la manera que si algún Judío que no acepte este edicto si acaso es encontrado en estos dominios o regresa será culpado a muerte y confiscación de sus bienes.

Y hemos ordenado que ninguna persona en nuestro reinado sin importar su estado social incluyendo nobles que escondan o guarden o defiendan a un Judío o Judía ya sea públicamente o secretamente desde fines de Julio y meses subsiguientes en sus hogares o en otro sitio en nuestra región con riesgos de perder como castigo todos sus feudos y fortificaciones, privilegios y bienes hereditarios.

Hágase que los Judíos puedan deshacerse de sus hogares y todas sus pertenencias en el plazo estipulado por lo tanto nosotros proveemos nuestro compromiso de la protección y la seguridad de modo que al final del mes de Julio ellos puedan vender e intercambiar sus propiedades y muebles y cualquier otro articulo y disponer de ellos libremente a su criterio que durante este plazo nadie debe hacerles ningún daño, herirlos o injusticias a estas personas o a sus bienes lo cual seria injustificado y el que transgrediese esto incurrirá en el castigo los que violen nuestra seguridad Real.

Damos y otorgamos permiso a los anteriormente referidos Judíos y Judías a llevar consigo fuera de nuestras regiones sus bienes y pertenencias por mar o por tierra exceptuando oro y plata, o moneda acuñada u otro artículo prohibido por las leyes del reinado.

De modo que ordenamos a todos los concejales, magistrados, caballeros, guardias, oficiales, buenos hombres de la ciudad de Burgos y otras ciudades y villas de nuestro reino y dominios, y a todos nuestros vasallos y personas, que respeten y obedezcan con esta carta y con todo lo que contiene en ella, y que den la clase de asistencia y ayuda necesaria para su ejecución, sujeta a castigo por nuestra gracia soberana y por la confiscación de todos los bienes y propiedades para nuestra casa real y que esta sea notificada a todos y que ninguno pretenda ignorarla, ordenamos que este edicto sea proclamado en todas las plazas y los sitios de reunión de todas las ciudades y en las ciudades principales y villas de las diócesis, y sea hecho por el heraldo en presencia de el escribano público, y que ninguno o nadie haga lo contrario de lo que ha sido definido, sujeto al castigo de nuestra gracia soberana y la anulación de sus cargos y confiscación de sus bienes al que haga lo contrario.

Y ordenamos que se evidencie y pruebe a la corte con un testimonio firmado especificando la manera en que el edicto fue llevado a cabo.

Dado en esta ciudad de Granada el Treinta y uno día de marzo del año de nuestro señor Jesucristo de 1492.

Firmado Yo, el Rey, Yo la Reina, y Juan de la Colonia secretario del Rey y la Reina quien lo ha escrito por orden de sus Majestades.

Nota. Para facilitar la lectura, salvo excepciones, la ortografía ha sido modernizada con ayuda del Diccionario de Autoridades de la Real Academia Española.

RESPUESTA DE ISAAC ABRAVANEL AL EDICTO DE EXPULSIÓN DE LOS JUDÍOS DE ESPAÑA

31 de Marzo de 1492

Sus Majestades:

Abraham Senior y yo agradecemos esta oportunidad para hacer nuestro último alegato escrito llevando la voz de las comunidades judías que nosotros representamos.

Condes, duques y marqueses de las Cortes, caballeros y damas: no es un gran honor cuando un judío es llamado a asistir por el bienestar y seguridad de su pueblo, pero es desgracia mayor que el Rey y la Reina de Castilla y Aragón y por supuesto de toda España tenga que buscar su gloria en gente inofensiva.

Encuentro muy difícil comprender como todo hombre judío, mujer y niño pueden ser una amenaza a la fe Católica. Son cargos muy fuertes, demasiado fuertes. ¿Es que nosotros la destruimos?

Es todo lo opuesto. ¿No estáis obligando en este edicto a confinar a todos los judíos en lugares restringidos y a tantas limitaciones en nuestros privilegios legales y sociales, sin mencionar que nos forzáis a cambios humillantes? ¿No fue suficiente la imposición de la fuerza, no nos aterrorizó vuestra diabólica Inquisición? Déjeseme mostrar en toda su dureza esta materia a todos los presentes; no dejaré callar la voz de Israel en este día.

Escuchad ¡oh Cielos!, y sea permitido que se me escuche, Rey y Reina de España. Isaac Abravanel se dirige a vos; yo y mi familia somos descendientes directos del Rey David, verdadera sangre real; la misma del Mesías corre por mis venas. Es mi herencia, y yo lo proclamo en nombre del rey de Israel.

En nombre de mi pueblo, el pueblo de Israel, los escogidos por Dios, declaro que son inocentes y sin culpa de todos los crímenes declarados en este abominable edicto. El crimen y la transgresión es para vos; para nosotros es el soportar el decreto sin justicia que Vos habeis proclamado. El día de hoy será de derrota y este año, que se imagina como el año de la gran gloria, será el de la vergüenza más grande de España. Es reconocido que la palabra honor debe ser propia de buenas y nobles acciones; de la misma forma, un acto impropio haría sufrir la reputación de una persona. Y si reyes y reinas acometen hechos dudosos se hacen daño a ellos mismos; como bien se dice, cuanto más grande es la persona el error es mayor.

Si los errores son reconocidos a tiempo pueden ser corregidos y el ladrillo débil que soporta el edificio puede ser resituado en posición correcta. Asimismo un edicto errado, si es cambiado a tiempo, puede ser corregido; pero objetivos religiosos han aventajado a la razón y malos consejos han precedido al justo razonamiento. El error de este edicto será irreversible, lo mismo que estas obligaciones que proclaman; mi rey y mi reina, escuchadme bien: error ha sido, un error profundo e inconcebible como España nunca haya visto hasta ahora. Vosotros sois los únicos responsables, como instrumentos del poder de una nación; si las artes y letras dan pautas a sensibilidades mas refinadas, si vosotros habéis aplacado el orgullo del infiel musulmán pese a la fuerza de su ejército mostrando conocimiento del arte y de la guerra y respetando su conciencia ¿con qué derecho los inquisidores recorren los campos quemando libros por miles en piras publicas?

¿Con qué autoridad los miembros de la Iglesia

desean ahora quemar la inmensa biblioteca arábiga de este gran palacio moro y destruir sus preciosos manuscritos? Porque es por autoridad vuestra, mi rey y mi reina. En lo más profundo de sus corazones Vuestras Mercedes han desconfiado del poder del conocimiento, y Vuestras Mercedes han respetado sólo el poder. Con nosotros los judíos es diferente. Nosotros los judíos admiramos y estimulamos el poder del conocimiento. En nuestros hogares y en nuestros lugares de rezo el aprendizaje es una meta practicada por toda la vida. El aprendizaje es una pasión nuestra que dura mientras existimos; es el corazón de nuestro ser; es la razón, según nuestras creencias, para la cual hemos sido creados. Nuestro amor a aprender pudo haber contrapesado su excesivo amor al poder. Nos pudimos haber beneficiado de la protección ofrecida por vuestras armas reales y vos os pudisteis haber beneficiado de los adelantos de nuestra comunidad y del intercambio de conocimientos, y digo que nos hubiésemos ayudado mutuamente.

Así como se nos ha mostrado nuestra debilidad, su nación sufrirá la fuerza de un desequilibrio al que Vuestras Mercedes han dado comienzo. Por centurias futuras, vuestros descendientes pagarán por los errores de ahora. Vuestras Mercedes verán que la nación se transformará en una nación de conquistadores que buscan oro y riquezas, viven por la espada y reinan con puño de acero; y al mismo tiempo os convertiréis en una nación de iletrados, vuestras instituciones de conocimiento, amedrentadas por el progreso herético de extrañas ideas de tierras distintas y otras gentes, no serán respetadas. En el curso del tiempo el nombre tan admirado de España se convertirá en un susurro ente las naciones. España, que siempre ha sido pobre e ignorante, España, la nación que mostró tanta promesa y que ha completado tan poco. Y entonces, algún día, España se preguntará a sí misma: ¿que ha sido de nosotros? ¿Por qué somos el hazmerreír entre las naciones? Y los españoles de esos días mirarán al pasado para ver por qué sucedió esto. Y aquellos que son honestos señalarán este día y esta época de la misma manera que cuando esta nación se inició. Y la causa de su decadencia no mostrará a nadie más que a sus reverenciados soberanos Católicos, Fernando e Isabel, conquistadores de los moros, expulsores de los judíos, fundadores de la Inquisición y destructores de inquisitivas mentes de los españoles.

El edicto es testimonio de la debilidad cristiana. Esto

ha demostrado que los judíos son capaces de ganarle a los siglos. Argumento viejo sobre estas dos creencias. Esto explica el por qué existen falsos cristianos: estos cristianos cuyas creencias han sido sacudidas por argumentos que el judío conoce mejor. Esto explica por qué la nación cristiana se perjudicara como dice que lo ha sido. Deseando silenciar la oposición judía, la mayoría cristiana ha decidido no seguir argumentando, eliminando la fuente del contraargumento. No se le dio oportunidad alguna al judío.

Esta es la última oportunidad para traer este tema a tierra española. En estos últimos momentos de libertad, otorgada por el Rey y la Reina, yo, como representante de la judería Española, reposo en un punto la disputa teológica. Yo la dejaré con un mensaje de partida, a pesar de que a Vuestras Mercedes no os guste.

El mensaje es simple. El histórico pueblo de Israel, como se ha caracterizado por sus tradiciones, es el único que puede emitir juicio sobre Jesús y su demanda de ser el Mesías; y como Mesías, su destino fue el de salvar a Israel, de modo que debe venir de Israel a decidir cuándo debe salvarlo. Nuestra respuesta es la única respuesta que importa, o acaso Jesús fue un falso Mesías. Mientras el pueblo de Israel exista, mientras las gentes de Jesús continúen en rechazarlo, su religión no puede ser validada como verdadera. Vuestras Mercedes pueden convertir a todas las gentes, a todos los salvajes del mundo, pero mientras no conviertan al judío, Vuestras Mercedes no han probado nada, salvo que pueden persuadir a los que no están informados.

Lo dejamos con este confortante conocimiento. Porque Vuestras Mercedes pueden disponer de sus poderes, pero nosotros poseemos la verdad por lo alto. Vuestras Mercedes podrán desposeernos como individuos, pero no podrán desposeernos de nuestras almas sagradas y de la verdad histórica, que es el único testigo nuestro.

Escuchad, Rey y Reina de España, en este día Vuestras Mercedes han engrosado la lista de fabricantes de maldades contra los que quedan de la Casa de Israel; si Vuestras Mercedes se empeñan en destruirnos, todos han fracasado. Mas, sin embargo, nosotros prosperaremos en otras tierras lejanas. Y doquiera que vayamos, el Dios de Israel estará con nosotros, y a Vuestras Mercedes rey Fernando y reina Isabel, la mano de Dios los atrapará y castigará por la arrogancia de sus corazones.

Hágase a Vuestras Mercedes autores de esta iniquidad; a lo largo de generaciones por venir, será contado repetidamente cómo su fe no fue benevolente y cómo su visión se cegó. Pero, más que sus actos de odio y fanatismo, el coraje del pueblo de Israel será recordado por haberse enfrentado contra el poderoso Imperio Español y por habernos apegado a la herencia religiosa de nuestros padres, resistiendo a los argumentos inciertos.

Expúlsennos, arrójennos de esta tierra que hemos querido tanto como Vos, pero los recordaremos, Rey y Reina de España, como los que en nuestros santos libros buscaron nuestro daño. Nosotros los judíos, con nuestros hechos en las páginas de la historia y nuestros recuerdos de sufrimiento; e incurriréis en un daño mayor a vuestros nombres que el mal que nos habéis causado.

Nosotros los recordaremos, y a su vil edicto de expulsión, para siempre.

LA EXPULSIÓN DE LOS JUDÍOS Y EL RETORNO DE LOS SEFARDÍES COMO NACIONALES ESPAÑOLES. UN ANÁLISIS HISTÓRICO-JURÍDICO[1]

Celia Prados García , Universidad de Granada

En un contexto social donde la identidad española quedaba vinculada a la identidad religiosa (Pérez, 2005:298) -la cristiana- los judíos que no renunciaron a su fe fueron expulsados de España. En la diáspora/[2] que tuvo lugar como consecuencia de la expulsión pervivieron signos hispánicos que sirvieron de causa a políticos del siglo XVIII para llevar a cabo los primeros intentos de derogar el Edicto de 1492. Estos primeros intentos de retorno de sefardíes tendrán su razón de ser en los intereses comerciales de un país que podría verse enriquecido con el establecimiento de nuevos negocios con mercaderes judíos. No obstante, a partir del Real Decreto de 20 de diciembre de 1924, sobre concesión de nacionalidad española por carta de naturaleza a protegidos de origen español, el retorno de los sefardíes a España será articulado a través de las normas de la nacionalidad.

1. Judíos Españoles y Sefaradíes

Los sefardíes son los descendientes de los judíos que salieron de España a fines de la Edad Media. Por lo tanto, la denominación de sefardí no puede darse a los "judíos que vivieron en los reinos hispanos medievales, musulmanes y cristianos; a estos hay que denominarlos hispanojudíos" (Romero, 2008:155). El término Sefarad fue utilizado por los judíos de la Edad Media para identificar la Península Ibérica. La palabra Sefarad aparece ya en el libro de Abdías, cuando dice:

(Ab 1, 20) "Y los desterrados de este ejército, los hijos de Israel, ocuparán Canaán hasta Sarepta, y los cautivos de Jerusalén, que están en Sefarad, heredarán las ciudades del mediodía" (Reina, 1960: 845).

Sin embargo, la actual historiografía ha descartado que el texto bíblico hiciera referencia a Hispania, sino que, al parecer, lo hacía a la ciudad de Sardes, capital de Lidia, en Asia Menor (Benbassa & Rodrigue, 2004:11). No obstante, el dato más fiable que acredita la presencia hebrea en la Península lo constituye la lápida funeraria de Iustinus, hallada en Emérita Augusta (Mérida), que nos remonta al siglo II (López "et al." 2006:52). Los primeros judíos llegarían a la Península como resultado de la dispersión llevada a cabo por el Imperio romano y formaban parte de la diáspora de Palestina.

Han llegado hasta nuestros días pruebas de la existencia de relaciones entre los judíos y el resto de la población ibérica. La frecuente prohibición de matrimonios mixtos nos lleva a deducir lo habitual de esta práctica entre las diferentes comunidades religiosas. En los cánones del propio Concilio de Iliberis se dispuso la separación de la población hispano-romana de la judía, así como la prohibición expresa de contraer matrimonio (Pérez-Victoria, 1997:12). Bajo el nombre "De los Judíos", el Capítulo XIV del III Concilio de Toledo prohibía a los hebreos tener esposas o servidumbre cristianas y ejercer oficios públicos.

El rey visigodo Sisebuto tomó la iniciativa que siglos después imitarían los Reyes Católicos: expulsar "perpetuamente de sus hogares a los descendientes de Judáh, en toda la extensión del Imperio visigodo" (Amador de los Rios, 1875:89), poniendo como condición para eludir el destierro la conversión al catolicismo. Los acontecimientos que tendrán lugar en el siglo XV podrían ser considerados como una reinterpretación de las situaciones ocurridas ya en tiempos de los visigodos, heredando de esta manera los Reyes Católicos la cuestión judeo-conversa.

2. El Edicto de Expulsion de 1492

La expulsión definitiva de los judíos tendría lugar en 1492, bajo el reinado de Isabel y Fernando, Reyes de Castilla y Aragón. Los monarcas procedieron el 31 de marzo de 1492 a la firma del Edicto que ordenaba la expulsión de los judíos que habitaban sus dominios. Este hecho puede encontrar justificación en el intento de crear una unidad religiosa, quedando de esta manera los judíos fuera de la identidad cristiana. Para alcanzar esta cohesión social los monarcas contarían con la instauración de una nueva institución, la Inquisición. De esta manera, se conseguiría la asimilación de la población conversa y la erradicación total del judaísmo.

Algunos estudiosos sostienen que el Edicto está "redactado en el lenguaje de los inquisidores y en la jerga de los protocolos de sus tribunales" (Baer, 1981:646), lo que podría tener sentido si seguimos los criterios de quien defiende que la base originaria del Edicto se encuentra en una versión anterior elaborada por Torque- mada (Conde y Delgado, 1991:10). Fechada a 20 de marzo de 1492, el Inquisidor General dirige una carta al obispo de Gerona en la que se ordena la expulsión de los judíos de dicha ciudad y de su diócesis:

(...) mando a todos y a cualesquiera judíos y judías de cualquiera edat que sean de la dicha cibdat e obispado de Gerona e de todas sus villas y lugares y a cada uno y a cualesquiera dellos, que fasta en la fin de mes de julio primero que verna desde presente anno, salgan e se absenten e vagen de la dicha cibdat e de todo su obispado e Vilas e lugares dell con todos sus fijos e fijas, familiares, criados e criadas (...) (Conde y Delgado, 1991:197).

El Edicto de Expulsión de 1492 ordena, bajo pena de muerte y confiscación de bienes, que todos los judíos abandonen los dominios de la Corona antes del fin de julio de 1492, ofreciendo durante este período de tiempo un compromiso de protección para que quienes optaran por la marcha pudiesen proceder a la liquida- ción de sus pertenencias.

Una descripción de lo que sería el inicio de un largo camino nos legó Bernáldez, cronista de los Reyes Católicos:

salieron de las tierras de sus nacimientos chicos y grandes, viejos y niños, a pie y caballeros en asnos y otras bestias (...) unos cayendo, otros levantando, otros muriendo, otros naciendo, otros enfermando, que no había cristiano que no hubiese dolor de ellos y siempre por do iban los convidaban al bautismo (...) (Bernáldez en Pérez, 1993:114).

Dejaban atrás una tierra que los había acogido mil quinientos años antes, a la que despedían como patria, Sefarad, a pesar de salir de ella como proscritos. Este sentimiento de amor y odio a España constituirá la base de la diáspora sefardí y vinculará a los sefardíes a ese período de la historia durante el que los judíos vivieron en España y que vendría a constituir el verdadero significado de Sefarad.

3. Los Destinos de la Diáspora Sefaradí: Una Diáspora Hispánica

En adelante distinguiremos dos movimientos migratorios cuyos destinos y fechas darán lugar a dos diásporas diferentes: primera y segunda diásporas sefardíes. La primera se extendió hacia el actual territorio del Magreb, Francia, Portugal, Italia y el Imperio Otomano, y tuvo comienzo en 1492, como consecuencia directa del Edicto de expulsión. El número de exiliados se sitúa entre los doscientos mil (Estrugo, 2002: 14)) y los cien mil (Bel Bravo, 1997: 282) encontrándose entre ambos márgenes los ciento setenta mil de Bernáldez (Pérez, 2005: 193). La segunda diáspora será más tardía, teniendo lugar a lo largo de los siglos XVI, XVII y parte del XVIII, y tendrá como destinos Italia, Francia, el Imperio Otomano y el Norte de Europa.

En la primera diáspora sefardí se desarrollaron importantes comunidades en Constantinopla, Salónica, Jerualén, Safed, Adrianópolis, Amasia, Damasco, el Cairo, Tetuán, Fez, Nápoles, Venecia, etc.

El reino de Portu- gal, de donde serán expulsados en 1497, constituirá años más tarde un núcleo emisor de judíos en la segun- da diáspora sefardí, que tendrá como destino Amberes, Ámsterdam, Hamburgo o Turquía. Se caracterizan las comunidades de esta primera diáspora por el arraigo de los rasgos de cultura hispánica que los sefardíes llevaron consigo y que algunos autores llamaron "españolismo sefardí" (Estrugo, 1933: 39).

Quienes habían optado por quedarse en España convirtiéndose al cristianismo pasaron a ser considerados criptojudíos y quedaron en todo momento bajo la jurisdicción de la Inquisición. A principios del siglo XVI, la presión ejercida sobre esta comunidad, acusada constantemente de prácticas judaizantes, originó la segunda diáspora sefardí (Nieto, 2003; Caro, 1986).

Atraídos por la situación de bonanza económica y posición social que vivían los sefardíes de Turquía, se suce- dieron varios flujos migratorios a lo largo del siglo XVI procedentes en su mayoría de Portugal. El Imperio Otomano se convirtió en el epicentro de la intelectualidad judía, donde las antiguas escuelas de

Córdoba o Toledo, renacieron en Salónica, Safed y Jerusalén. Destaca al respecto la ciudad de Salónica, considerada madre de Israel (Caro, 1986: 239), donde los judíos de origen hispánico vivieron una edad de oro cultural a lo largo del siglo XVI.

Los Países Bajos se convirtieron en un importante núcleo receptor de sefardíes. La libertad de conciencia había ganado terreno con la Unión de Utrecht en 1579 y comenzaba a florecer la comunidad judía de Ámsterdam. Esta comunidad, llamada la Jerusalén holandesa (Caro,1986; Pérez, 2005), se denominó hispano-portuguesa en lugar de sefardí y hablaba castellano puro o portugués en lugar de judeoespañol (Quintana en Nieto, 2003:36). Huellas de estas comunidades nos han llegado a través de artistas universales de la talla de Rem- brandt. Su conocida pintura "La novia judía" nos traslada al Amsterdam judío del siglo XVII. El artista vivió en la calle Breedestraat donde absorbió parte de la cultura sefardí.

Un dato relevante acerca de los sefardíes de los Países Bajos es que fundaron las primeras comunidades sefardíes en el Nuevo Mundo. El primer asentamiento en América tuvo lugar con la conquista holandesa de Pernambuco en 1630 y será el precedente de las comunidades sefardíes de Nueva York, Miami o Rhode Island (Nieto, 2003: 40).

La diáspora sefardí en los Estados europeos se caracterizó por una asimilación mayor de los judíos en los grupos nacionales en los que vivían. En cambio, los judíos de la primera diáspora de 1492 y los que fueron al Imperio Otomano en la segunda, conservaron la lengua y costumbres españolas debido en cierta medida al establecimiento de los mismos en comunidades cerradas (Pérez 2005: 276). Hay que tener en cuenta que la mayoría de los protagonistas de esta migración europea eran conversos, es decir, cristianos nuevos que se vieron obligados a practicar de manera encubierta sus prácticas religiosas. Por eso estos sefardíes no tenían ya el mismo conocimiento de las prácticas judaicas que los judíos que partieron en 1492 y las nuevas comunidades judías que crearon en el Norte de Europa fueron las primeras que conocieron (Bel Bravo, 1992; Kaplan en Nieto, 2003).

En las distintas diásporas se fue configurando una identidad compleja donde destacó la gran fidelidad que mostraron siempre al Judaísmo, la huella que la cultura hispana había dejado en ellos y el establecimiento de una amplia red de comunicaciones entre las distintas comunidades diaspóricas (Pérez, 2005:241). Se dice que asomarse al mundo sefardí es escudriñar amorosamente nuestro pasado (Alvarez, 2003:17), un pasado de folclore e historia y una lengua medieval en el exilio, donde la palabra Sefarad equivale a patria.

4. Primeros Intentos por Hacer Posible un Retorno a España

No será hasta el siglo XIX cuando la sociedad española tenga conocimiento de la existencia de sefardíes en el extranjero; descendientes de los judíos expulsados de España en 1492 que habían conservado las costumbres de sus antepasados. Así encontramos testimonios de españoles que en plena Guerra de África de 1860 son sorprendidos en Tetuán por judíos que hablaban castellano con un acento particular y vivían en casas amuebladas "a la española"(Alarcón, 1859:192). Es el escritor Pedro Antonio de Alarcón, cronista de esta guerra, quien nos hace llegar sus impresiones al ver por primera vez judíos:

la raza judía era del todo como yo la sospechaba; como la tenía en la imaginación; como la había leído en Shakespeare y otros poetas (Alarcón, 1859:193).

Con carácter previo a 1860 destacan los intentos de Manuel de Lira/3 y Pedro Varela/4 por derogar el Edicto de Expulsión de 1492. Don Manuel de Lira propuso la derogación de la orden de expulsión en aras a abrir un nuevo frente comercial con mercaderes judíos. En ningún momento habla explícitamente de sefardíes, pues en dicho proyecto el Secretario propone

la admisión de herejes (protestantes) y judíos a las posesiones de América, cuyos puertos les serían legalmente abiertos (Amador, vol.3, 1875:548).

El 21 de marzo de 1797, bajo el reinado de Carlos IV, es presentada al Consejo una propuesta de negociación con el pueblo hebreo para fomentar el desarrollo del comercio y la industria del país. La iniciativa partía de don Pedro Varela, que pensaba que de esta manera

se lograría el socorro del Estado, con el aumento del comercio y de la industria, que jamás por otros medios llegarán a equilibrar- se con la industria y el comercio de los españoles (Amador, Vol. 3, 1875:552).

Ambos proyectos fueron desestimados.

La Guerra de África de 1860 y la entrada de las tropas españolas en Tetuán supusieron el primer contacto entre españoles y sefardíes. Este acontecimiento no sólo despertó curiosidad entre la población española, que seguía la guerra a través de la prensa, sino que a consecuencia de ello se produjeron los primeros asentamientos de sefardíes en tierras españolas. En el mismo año se constituía la comunidad judía de Sevilla, que sería la primera de España, cuyos miembros procedían en su mayoría de Marruecos.

El segundo contacto entre sefardíes y españoles tiene lugar en los territorios del Imperio Otomano, como consecuencia de los pogromos de Rusia y los Balcanes5. En un comunicado de 4 de junio de 1881 (Marquina, 1987: 20; González, 1991:84) el Conde Rascón, entonces embajador español en Constantinopla, solicitó ayu- da al gobierno de Sagasta para los judíos víctimas de violencia antisemita que llegaban a Turquía huyendo de Rusia. En el citado comunicado, Rascón ponía de manifiesto las duras condiciones en que se encontraban los judíos de la Rusia meridional. Hay que precisar al respecto que muchos de estos judíos no formaban parte de la diáspora sefardí, sino que eran judíos procedentes del Este de Europa (Álvarez, 2002:193). Aún así, la respuesta del Gobierno español no se hizo esperar y en un comunicado se dio contestación a la petición de Rascón:

Al recibir el despacho no 102, S.M. el Rey me encarga diga a V.E. que tanto su Majestad como el Gobierno recibirán a los hebreos procedentes de Rusia, abriéndoles las puertas de la que fue su antigua patria (Bel Bravo, 1997:341 e González, 1991:85).

La prensa internacional se hace eco de la noticia y el periódico británico Standard publica el 24 de junio de 1881 que en cuanto el rey Alfonso XII conoció la petición exclamó que

él acogía con el máximo entusiasmo y gustosamente esta oportunidad de reparar un acto de injusticia de sus antecesores y que él recibiría gustosamente y les ayudaría a volver a recuperar en España su antigua posición6(González, 1991:216).

Tras conocer la respuesta del Gobierno español, el conde Rascón emite un informe en el que podemos com- probar que los intereses comerciales subyacen en los intentos de entablar relaciones con los sefardíes. Y es que el embajador propone las ventajas que se derivarían del establecimiento de estos judíos en los litorales de Cataluña, Valencia y Andalucía, que mantendrían relaciones comerciales con

los trescientos tantos mil, de origen español, que hablan perfectamente nuestra lengua (González, 1991:86).

Finalmente fueron cincuenta y uno los judíos que entraron en el país (Bel Bravo, 1997: 342; González, 1991:95).

El 30 de diciembre de 1886 se constituye el Centro Nacional de Inmigración Israelita. Su fundador, Isidro López Lapuya, inicia una campaña filosefardí a través de la prensa, cuya repercusión llevará a que el 11 de febrero de 1887 el propio Sagasta sea interpelado en el Senado acerca de si el Edicto de Expulsión de 1492 queda- ba derogado, así como de las condiciones en que se verificaría el retorno de aquellos judíos que pretendieran regresar a España. Respecto a la primera pregunta, Sagasta alegó que en virtud de la normativa vigente del momento, tanto los israelitas como cualquiera otra confesión religiosa, podrían venir a España y ejercer libre- mente su industria, siempre que el ejercicio de su religión no atentara contra los principios de la moral cristiana. En cuanto al posible retorno de los mismos, manifestó que los israelitas podían venir a España como cualquier ciudadano/7 (González, 1991:119).

En pleno constitucionalismo español, los intentos de instaurar en el país la libertad religiosa jugarán un papel decisivo en el retorno de sefardíes a España. Recordemos la magistral intervención de Castelar en las Cortes de 1869, en la que, dirigiéndose a Monterola, su principal opositor, lanzó la interrogante sobre si los judíos seguían siendo culpables de la muerte de Cristo, en pro de acabar con la histórica acusación de deicidio al pueblo hebreo (Álvarez, 2002:133). La libertad religiosa había quedado instaurada con la Constitución de 1869, derogando de esta manera el citado Edicto de 1492. La Constitución de 1876, más conservadora, restringía la libertad de culto de confesiones no católicas al ámbito privado, no afectando a la derogación del Edicto por la Constitución de 1969 (Bel Bravo,

1997:360), pues podían los hebreos obtener el derecho a resi- dir en España y a ejercer su confesión de forma privada.

Es cierto que el debate surgido entre Castelar y Monterola representaba el resultado de la lucha ideológica entre liberales y conservadores, presente a lo largo de los siglos XIX y XX, pero también constituía el inicio de una campaña filosefardita en el país. Un gran seguidor de esta campaña fue el doctor y senador Ángel Puli- do, discípulo de Castelar, quien, a finales de agosto de 1883, en un trayecto de Viena a Budapest, conoce a un grupo de sefardíes que le fueron presentados como "españoles de Oriente" (Pulido,1992:10-11). Da co- mienzo en este momento un viaje a través de la cultura de los llamados "españoles sin patria"8 que llevará a quien recibió el sobrenombre de "apóstol de la causa sefardí" (Garzón en Pulido, 1992:XI) a presentar ante el Senado español una propuesta de acercamiento entre ambas culturas9. En sesión del Senado de 13 de noviembre de 1903, Pulido dirige una excitación al Sr. Ministro de Estado, apoyando su defensa especialmente en la conservación de la lengua española y en la importancia de que este pueblo en el exilio siguiera con- servando el habla de sus antepasados.

Sumario del Diario de Sesiones del Senado. Sesión del viernes 13 de noviembre de 1903. "El Sr. Pulido pregunta al Sr. Ministro de Estado si cree el Gobierno español que está en el caso de mirar con indiferencia a el uso de la lengua castellana que se habla en muchos pueblos de Oriente y que va desapareciendo; pide que por medio de los cónsules se abra una información pa- ra saber el número de judíos castellanos allí residentes que hablan nuestro idioma, y propone varias medidas para el fomento del mismo".

El Sr. Conde de Casa-Valencia intervendrá en la sesión para alegar su disconformidad con algunos de los hechos tratados por el Senador, no así el Sr. Ministro de Estado, Conde de San Bernardo que, tras mostrar su conformidad con las palabras de Pulido, manifiesta su intención de hacer todo cuanto esté en su mano para conocer a aquellas personas que de antiguo hablan la hermosa lengua de Cervantes y para tratar de conseguir una escuela para mantenerla viva. Aunque ha habido quien ha calificado la tarea llevada a cabo por Ángel Pulido como un extraño intento romántico de apasionadas declaraciones de amor y exaltadas proclamas patrióticas (Díaz, 1986:197), no podemos negar que la campaña llevada a cabo por el Senador, bajo el título de "intereses nacionales"/10, tuvo importantes consecuencias. Entre ellas destacan las primeras autoriza- ciones de apertura de sinagogas en España y la fundación de la Alianza Hispano-Hebrea en 1910 en Madrid, o la Casa Universal de los sefardíes en 1920, que afianzaron los vínculos entre la diáspora y España.

La desintegración del Imperio Otomano y las sucesivas guerras balcánicas marcarán una etapa en la que la cuestión sefardí será abordada de una manera diferente, a través de las normas de la nacionalidad. Miles de sefardíes del Imperio Otomano habían recibido el estatus de protegidos por España en la segunda mitad del siglo XIX. Esta situación fue regulada por una serie de tratados internacionales -denominados capitulaciones- entre el Imperio Otomano y los estados cristianos europeos, con la única finalidad de proteger a las minorías cristianas que habitaban el Imperio Otomano (Rother, 2005:45). Este estatus de protegidos acabó por ex- tenderse finalmente a la población judía, en concreto a los sefardíes. Una de las principales consecuencias de estos tratados internacionales era que la población protegida respondía ante la jurisdicción de los consulados españoles.

Como consecuencia de la situación que vivían los sefardíes en Grecia, en la que los sefardíes de Salónica sufrieron graves daños a manos helenas, llega a España una delegación encabezada por Isaac Alchen Saporta. De su discurso en el Ateneo de Madrid, merece destacar su famosa frase: "Españoles fuimos, Españoles somos y Españoles seremos" (Marquina, 1987:38 y Pérez, 2005:304) refiriéndose a los sefardíes. Miles de sefardíes solicitaban protección española. Posteriormente la protección a los sefardíes de Grecia se extendió a los que vivían en el resto de países de Centroeuropa y de Oriente Próximo. A raíz de ello, el Ministerio de Estado español expidió la Real Orden de 17 de abril de 1917 en la que se establecía que la mayor parte de las cuestiones que hasta ese momento fueron de protección se convertían en asuntos de nacionalidad (Marquina, 1987:38).

La firma del Tratado de Lausanne, el 24 de julio de 1923, que estableció las fronteras de la Turquía moderna, puso fin a la guerra entre Grecia y Turquía y derogó cuantos derechos extraterritoriales y de protección tuvieran las potencias extranjeras sobre la población de las naciones surgidas del Imperio Otomano, con la excepción de Grecia y Egipto (Marquina, 1987:46 y Rother, 2005:46). Para regularizar esta situación, España deci- dió seguir los pasos iniciados por Francia, otorgando la ciudadanía española a quienes habían perdido el estatus de protegidos. A tal efecto el Directorio Militar de Primo de Rivera promulga el Real Decreto de 20 de diciembre de 1924 sobre concesión de nacionalidad española por carta de naturaleza a protegidos de origen español/11.Destaca del texto del Decreto el hecho de que no se mencione explícitamente la palabra "sefardí". En la exposición de motivos del Decreto se habla de:

antiguos protegidos españoles o descendientes de éstos, y en general individuos pertenecientes a familias de origen español que en alguna ocasión han sido inscritas en Registros españoles y estos elementos hispanos, con sentimientos arraigados de amor a España, por desconocimiento de la ley y por otras causas ajenas a su voluntad de ser españoles, no han logrado obtener nuestra nacionalidad (Hassan,

1979:583).

El artículo 1 del Decreto establece la legitimación para iniciar dicho procedimiento:

los individuos de origen español que vienen siendo protegidos como si fuesen españoles por los Agentes de España en el ex- tranjero (Hassan, 1979:585) disponiendo de plazo para promover el correspondiente expediente hasta el 31 de diciembre de 1930. El artículo 3 del Real Decreto disponía que expirado dicho plazo de tiempo, los individuos que no hubieran solicitado la carta de naturaleza, perderían la condición de protegidos (Hassan, 1979:586).

El hecho de que sólo pudieran acogerse quienes ostentaran la condición de protegidos, hará que los efectos prácticos de este Decreto no se extiendan a los sefardíes en general, de tal manera que, en ciudades como Salónica, con una comunidad sefardí compuesta por 70.000 miembros, sólo 2.000 pudieran iniciar los trámites de solicitud de nacionalidad española (Rother, 2005:48). Siguiendo las pautas establecidas para el procedimiento ordinario de concesión de nacionalidad española por carta de naturaleza, los sefardíes que quisieran solicitar la misma tendrían que personarse en España para proceder a realizar la renuncia a otras nacionali- dades así como para prestar juramento a la Constitución española (Hassan, 1979:584). Dada la situación insostenible de quienes se encontraban cuasi naturalizados y la consideración patriótica de los caracteres culturales y lingüísticos que les definían, se procedió a aplicar por analogía lo dispuesto en el art. 19 del Códi- go Civil para hijos de extranjeros nacidos en España.

Art. 19 del Código Civil, publicado en la Gaceta de Madrid el 25 de julio de 1889: "Los hijos de un extranjero nacidos en los dominios españoles deberán manifestar, dentro del año siguiente a su mayor edad o emancipación, si quieren gozar de la calidad de españoles que les concede el art. 17. Los que se hallen en el Reino harán esta manifestación ante el encargado del Registro civil del pueblo en que residieren; los que residan en el extranjero, ante uno de los Agentes consulares o diplomáticos del Gobierno español; y los que se encuentren en un país en que el Gobierno no tenga ningún Agente, dirigiéndose al Ministerio de Estado en España.

De tal manera que al adquirir la mayoría de edad,

quedaban los mismos facultados para optar a la nacionalidad española realizando, tanto la renuncia a otras nacionalidades como el juramento a la Constitución, ante los Agentes diplomáticos y consulares del Gobierno español, siempre y cuando residieran en el extranjero. Al respecto el Ministerio de Estado emitía, con fecha de 29 de diciembre de 1924, la Circular núm. 857 (Hassan, 1979:587-588) exponiendo las instrucciones a seguir para dar cumplimiento al Decreto y haciendo especial hincapié en el hecho de que quienes pretendiesen seguir viviendo en el extranjero podrían ser dispensados del requisito de personarse en España para dar cumplimiento a la renuncia de otras nacionalidades, así como para jurar la Constitución -siempre y cuando alegaran motivos para justificar la imposibilidad de ausentarse del lugar de su residencia. Como notas aclaratorias a lo preceptuado en el Decreto, se detalla la forma en que debe ser incoado el procedimiento, así como la documentación que debe acompañar a la solicitud.

Valorando los efectos del Decreto de 1924 advertimos que sólo una pequeña minoría sefardí pudo beneficiar- se del mismo, debido en parte a que el propio Ministerio de Gobernación obstaculizó la aplicación de la medida promulgando, el 30 de marzo de 1928, la Circular núm. 1.105 sobre ejecución del Real Decreto de 1924 (Hassan, 1979:589-590). El elevado precio de las tasas correspondientes al procedimiento de concesión de nacionalidad, valorado en unas 500 pesetas, y la escasa difusión del Decreto en las comunidades sefardíes, hizo que el alcance de esta norma quedara limitada a muy pocas personas. Sí es cierto que esta norma adquirirá gran importancia con el estallido de la Segunda Guerra Mundial, convirtiéndose en el instrumento legal para salvar del Holocausto nazi a los sefardíes que pudieron adquirir la nacionalidad española.

5. Conclusiones / Discusión

Es evidente que la configuración de la identidad sefardí en las sucesivas diásporas sirvió de base al legislador español para derogar el Edicto de Expulsión de 1492 y articular el retorno de los mismos a través del Real Decreto de 1924 sobre concesión de nacionalidad española por carta de naturaleza a protegidos de origen español. Aunque esta medida no alcanzó grandes efectos, su eficacia se pone de manifiesto durante la Segunda Guerra Mundial. Ante el ultimátum del Ministerio de Asuntos Exteriores alemán "repatriación o deportación" de los judíos que habían obtenido la nacionalidad española a través del Real Decreto de 1924, la norma se convierte en instrumento para salvar del Holocausto a miles de judíos. Después de 1930 siguieron existiendo protegidos con documentación española que no habían recibido la nacionalidad española. Muchos de estos sefardíes serían sorprendidos por las tropas alemanas en la Europa ocupada. Precisamente ante esta situación de nacionalizados y protegidos actuarían embajadores y cónsules españoles, unas veces siguiendo las instrucciones del Gobierno central, otras interpretando las instrucciones de manera flexible hasta ampliar la protección a protegidos no nacionalizados. En general, la protección se extendió a la concesión de visados de tránsito a quienes contaran en su poder con visados de terceros países dispuestos a acogerles. Quedando sólo la deportación para miles de sefardíes con nacionalidad española.

Este hecho, junto con una serie de acontecimientos que tendrán lugar a lo largo de la segunda mitad del siglo XX, servirán de base al legislador de 1982 para incorporar la condición de sefardí como causa de adquisición de nacionalidad por residencia en un plazo de tiempo abreviado. El plazo general de residencia, legal y continuada, es de diez años. Sin embargo, la norma recoge un plazo abreviado de dos años para los nacionales de origen iberoamericano, de Andorra, Filipinas, Guinea Ecuatorial, Portugal, o cuando se trate de sefardíes. La incorporación del colectivo sefardí al supuesto abreviado del art. 22.1 Código Civil, tuvo lugar con la Ley 51/1982, de modificación de los artículos 17 a 26 del Código Civil en materia de nacionalidad. Esta incorpora- ción tuvo una doble finalidad: de un lado, el establecimiento de relaciones del Estado español con las "naciones de su comunidad histórica" (art. 56.1 CE), y, de otro, reparar las injusticias históricas cometidas contra la comunidad sefardita. La primera sería la expulsión de los judíos en 1492 y la segunda, la posterior omisión de protección de los judíos con nacionalidad española durante la Segunda Guerra Mundial. Esta hipótesis forma parte del planteamiento de un de un proyecto de investigación en el que se analizará la incorporación de los sefardíes al supuesto abreviado de dos años para acceder a la nacionalidad española. El objetivo general será constatar si efectivamente dicha incorporación atiende al intento del legislador por reparar las injusticias históricas cometidas contra la comunidad sefardí, y, si en caso afirmativo, tales medidas tienen eficacia en la práctica.

NOTAS:

1 El presente texto se inserta como trabajo de investigación tutelada, dentro del Posgrado universitario Master en Estudios Migratorios, Desarrollo e Intervención Social de la Universidad de Granada, y actual línea de investigación en curso. Tanto los cursos de posgrado, como la investigación, fueron financiados por el programa de becas para cursar estudios de posgrado de la Obra Social la Caixa.

2 Se podrían definir las diásporas como "Comunidades minoritarias expatriadas que se han dispersado, a partir de un centro original, hacia por lo menos dos lugares periféricos; que conservan una memoria, una visión o un mito acerca de su tierra de origen; que creen que son -y quizá no puedan serlo- plenamente aceptados por el país que los recibe; que consideran el hogar ancestral como un lugar de regreso final, para cuando llegue la hora; que asumen un compromiso con el mantenimiento o restauración de esta tierra natal, y cuya conciencia y solidaridad como grupo encuentran una definición importante en su relación continuada con la tierra

natal" (Safran en Clifford, 1999:303).

Prados García, C. (2011). La expulsión de los judíos y el retorno de los sefardíes como nacionales españoles. Un análisis histórico-jurídico. En F. J. García Castaño y N. Kressova. (Coords.). Actas del I Congreso Internacional sobre Migraciones en Andalucía (pp. 2119-2126). Granada: Instituto de Migraciones. ISBN: 978-84-921390-3-3.

3 Manuel de Lira fue político y diplomático español bajo el reinado de Carlos II. Ocupó la Secretaría del Despacho Universal de Estado.

4 Pedro Varela ocupó la Secretaría del Despacho Universal de Hacienda de España y de Indias bajo el reinado de Carlos IV.

5 Informes sobre los pogroms de Varsovia en 1881. Archivo del Ministerio de Asuntos Exteriores. Legajo 1723. Serie correspondencia. En González (1991: 226-229).

6 Artículo del periódico británico Standard de su corresponsal en Madrid, de 24 de junio de 1881. Archivo del Ministerio de Asuntos Exteriores. Legajo 1571. Serie correspondencia. Texto íntegro en González (1991: 215-217).

7 Texto extraído del Diario de sesiones de las Cortes (Senado), tomo III, núm. 73, pp.1263-1269, publicado en González, 1991:119.

8 Expresión utilizada en: Pulido, Ángel (1905), Españoles sin patria y la raza sefardí. Madrid.

9 Documento parlamentario del Senado español. Sesión de 13 de noviembre de 1903. Texto íntegro en Pulido, Ángel (1992) Los israelitas españoles y el idioma castellano, pp.193-207 (Barcelona: Riopiedras). Recuperado el 15 de enero de 2011, del sitio Web del Senado: 1834 y 1923:

http://www.senado.es/brsweb/IDSH/idsh_index.html.

10 Ángel Pulido inserta el título de su obra Los israelitas españoles , bajo la rúbrica de Intereses Nacionales. La labor llevada a cabo por Ángel Pulido se plasmó en una activa campaña que incluyó varias sesiones parlamentarias y publicaciones en periódicos y conferencias, entre otras.

11 El Decreto Ley se publicó el 21 de diciembre de 1924 la Gaceta de Madrid. Reproducido en: Boletín Jurídico-Administrativo. Anuario de Legislación y Jurisprudencia. Apéndice 1924. Madrid, p. 839 y en Nota sobre la concesión de nacionalidad española a los judíos sefarditas, en Hassan, Iacob M. (coord.), (1970), Actas del I Simposio de Estudios Sefardíes, Madrid, 1964, Madrid, pp. 581-611.

La Profesora Celia prados García, es investigadora asociada de la Universidad de Granada y profesora de la Universidad de Córdoba. Obtuvo su doctorado a través del programa de doctorado en ciencias sociales aplicadas de la Universidad de Granada en 2015, después de cursar el Máster en estudios migratorios, desarrollo e intervención social (2007) y derecho (2005).

Pagina web: http://investigacion.ugr.es/ugrinvestiga/ static/Buscador/*/investigadores/ficha/62537

BIBLIOGRAFÍA

Alarcón, Pedro Antonio. *Diario de un Testigo de la Guerra de África*. Madrid: Gaspar y Roig. 1859.

Alcalá, Ángel. (Ed.).. *Judíos. Sefarditas. Conversos. La expulsión de 1492 y sus consecuencias*. Valladolid: Ámbito ediciones. 1995.

Alvar, M.. *El judeoespañol I. Estudios sefardíes*. Alcalá de Henares.2003.

Álvarez Chillida, Gonzalo. *El antisemitismo en España: la imagen del judío (1812-2002)*. Madrid: Marcial Pons. 2002.

Amador de los Rios, José. H*istoria de los judíos de España y Portugal*. Vols. 1-3. Madrid: Imprenta T. Fortanet. 1876.

Artigas, María del Carmen. *Antología sefaradí: 1492-1700. Respuesta literaria de los hebreos españoles a la expulsión de 1492*. Madrid: Verbum. 1997.

Ayoun, Richard y Vidal Séphiha, Haïm. *Los sefardíes de ayer y de hoy: 71 retratos*. México D.F.: Edaf. 2002.
Azcona, T. *La expulsión de los judíos. En Isabel la Católica: Vida y reinado* (pp. 443-473). Madrid. 2002.
Babani, I. (Ed.). *Enciclopedia Judaica Castellana*. México D.F: S.d RL. 1948.

Baer, Yitzhak. *Historia de los Judíos en la España cristiana*. Madrid: Altalena. 1981.

Beinart, Haim. *Los judíos de España*. Madrid: Mapfre. 1992.

Beinart, Haim. (Ed.), *El legado de Sefarad*. Jerusalén. 1992.

Bel Bravo, María Antonia. *Diáspora sefardí*. Madrid: Mapfre. 1992.

Bel Bravo, María Antonia. *Sefarad. Los judíos de España*. Madrid: Sílex. 1997.

Belmonte Díaz, José y Leseduarte Gil, Pilar. *La expulsión*

de los judíos: Auge y ocaso del judaísmo en Sefarad. Bilbao: Beta. 2007.

Ben Ami, Shlomó. Sobre la influencia recíproca entre cristianos y judíos en la España medieval. *En Identidad y testimonio. Actas del IV Simposio Hispano-Israelí* (pp.9-30). Madrid: Centro de Estudios Judeo-Cristianos. 1979.

Ben Verga, S. *Chébet Yehuda* (La vara de Judá). Trad. de F. Cantera. Granada. 1927.

Benasuly, A. Hitos históricos y jurídicos en el retorno de los judíos a España. En U. Macías Kapón y R. Izquierdo Benito (Eds.). *El judaísmo, Uno y Diverso* (pp. 205-210). Cuenca. 2002.

Benbassa, E. *Historia de los judíos sefardíes: de Toledo a Salónica*. Madrid. 2004.

Benshimol, A.L. *Los Sefardíes: Vínculo entre Curazao y Venezuela*. Caracas. 2002.

Bueno, F. *Los judíos de Sefarad: del paraíso a la añoranza*. Granada. 2005.

Cantera Ortiz de Urbina, J. *Los sefardíes*. Madrid. 1995.

Caro Baroja J. Los judíos en la España Moderna y Contemporánea. Vols.1-3. Madrid. 1986.

Clifford, J. *Las diásporas en Itinerarios transculturales*. Barcelona. 1999.

Cohenca, J. *Genealogía, historia y legado de familias sefardita.* Buenos Aires. 2003.

Cohenca, Jacobo. *Dispersión y reencuentro: genealogía, historia y legado de familias Sefarditas.* Buenos Aires: Lumen. 2003.

Conde y Delgado De Molina, Rafael. *La Expulsión de los Judíos de la Corona de Aragón*. Zaragoza: Institución Fernando el Católico. 1991.

Diario de las Sesiones de Cortes: Senado. Sesión del viernes 13 de noviembre de 1903. Recuperado el 15/01/2011, del sitio Web del Senado [1834 y 1923] http://www.senado.es/brsweb/IDSH/idsh_index.html.

Diaz Mas, Paloma. *Los sefardíes: historia, legado y cultura.* Barcelona: Riopiedras. 1986.

Dubnow, Simon. *Historia Universal del Pueblo Judío.* Buenos Aires: Sigal. *El Concilio III de Toledo, Base de la nacionalidad y civilización española*. Edición Políglota.

En latín vascuence, árabe, castellano (Toledo MCMLXXVIII). 1951.

Estrugo, José M. *Sefarad: Un siglo después de la Inquisición. Madrid.* 1933.

Estrugo, José M. Los *sefardíes*. Sevilla: Renacimiento. 2002.

Gilbert, M. *Exile and Return.* London. 1978.

González, I. *El retorno de los judíos*. Madrid. 1991.

Hassan, J.M. *Primer Simposio de Estudios Sefardíe Madrid 1964.* Madrid. 1970.

Kedourie, Elie. (Ed.). *Los judíos de España.* Barcelona: Crítica. 1992.

Kohan, G. Mi ser judío. En U. Macías Kapón y R. Izquierdo Benito (Eds.). *El Judaísmo, Uno y Diverso* (pp.211-215). Cuenca. 2005.

Konner, M. *Caminantes: una antropología de los judíos.* Lleida. 2006.

La Santa Biblia. Antiguo y Nuevo Testamento. Antigua

versión de Casiodoro de Reina, 1569. Revisada por Cipriano de Valera, 1602. Revisión de 1960. Sociedades bíblicas en América latina.

Las siete partidas del Rey Don Alfonso el Sabio. Cotejadas con varios códices antiguos por la Real Academia de la Historia. Madrid. 1972.

Libro XII. De Devedar los Tuertos, é Derraygar las Sectas é sus Dichos en Fuero Juzgo. (Libro de los Jueces). Cotejado por la R.A.E. Edición Facsimil. Numerada, 918. Valladolid: Lex Nova. 1980.

Lisbona, José Antonio. *Retorno a Sefarad. La política de España hacia sus judíos en el siglo XX.* Barcelona: Riopiedras Ediciones. 1993.

López Álvarez, A.M, Palomero Plaza, S. y Menéndez Robledo, M.L. *Guía del Museo Sefardí.* Madrid. 2006. López-Ibor, Marta. *Los judíos de España.* Madrid: Anaya. 1990.

Marcu, V. *La expulsión de los judíos de España.* Sevilla. 2002.

Marquina, Antonio y Ospina, Gloria Inés. *España y los judíos en el siglo XX.* Madrid: Espasa. 1987.

Mechoulan, H. *Los judíos de España: historia de una diáspora 1592-1992*. Madrid. 1993.

Menéndez Pidal, Ramón. *Historia de España*. Madrid. 1983.

Molho, Michael. *Usos y costumbres de los Sefardíes de Salónica*. Madrid: Instituto Arias Montano. 1950.

Nieto Solís, M.A. *El último sefardí: el legado oral de los judíos expulsados de España en 1492*. Madrid: Calamar Edición y Diseño S.L. 2003.

Pérez, Joseph. *Historia de una tragedia: La expulsión de los judíos de España*. Barcelona: Crítica. 1993.

Pérez, Joseph. *Los judíos de España*. Madrid: Marcial Pons. 2005.

Pérez, Joseph. *Isabel la Católica. ¿Un modelo de cristiandad?* Granada: Universidad de Granada. 2007.

Pérez-Victoria de Benavides, M. *Una historia del Derecho*. Granada. 1997.

Porfer, R. y Harel-Hoshem, S. (Eds.). *Odyssey of the Exiles. The Sephardi Jews 1492-1992*. Tel-Aviv. 1992.

Pulido, Ángel. *Los israelitas españoles y el idioma castellano*. Barcelona: Riopiedras. 1904-1992.

Pulido, Ángel. *Españoles sin patria y la raza sefardí*. Madrid. 2005.

Quevedo de, Francisco. *Execración contra los Judíos*. Ed. de F. Cabo Aseguinolaza y S. Fernández Mosquera. Barcelona. 1996.

Romero, Elena. Historia y Literatura. En Iacob M. Hassán y Ricardo Izquierdo Benito (Coords.) y Elena Romero (Ed.). *Sefardíes: Literatura y Lengua de una Nación Dispersa*. Cuenca: Ediciones de la Universidad de Castilla-La Mancha. 2008.

Rother, Bernd. *Franco y el Holocausto*. Madrid: Marcial Pons Historia. 2005.

Sachar, Howard M. *Adiós España: historia de los sefardíes*. Barcelona: Thassalia. 1995.

Santa Puche, Salvador. *Libro de los testimonios: los sefardíes y el Holocausto*. Vol. I. Barcelona. 2003.

Suárez Fernández, Luis. *Documentos de la expulsión de los judíos*. Valladolid. 1964.

Targarona Berrás, T. y Sáenz-Badillos Brill, A. (Eds.). *Jewish Studies at the Turn of the 20th Century*. Proceedings of the 6th EAJJ Congress Toledo 1998. Leiden-Boston-Köln. 1999.

Preámbulos I, II y III de la Ley 12/2015, de 24 de junio, en materia de concesión de la nacionalidad española a los sefardíes originarios de España

I. Disposiciones Generales

Jefatura del Estado 7045

A todos los que la presente vieren y entendieren.

Sabed: Que las Cortes Generales han aprobado y Yo vengo en sancionar la siguiente ley:

PREÁMBULO I

Se denomina sefardíes a los judíos que vivieron en la Península Ibérica y, en particular, a sus descendientes, aquéllos que tras los Edictos de 1492 que compelían a la conversión forzosa o a la expulsión tomaron esta drástica vía. Tal denominación procede de la voz «Sefarad», palabra con la que se conoce a España en lengua hebrea, tanto clásica como contemporánea. En verdad, la presencia judía en tierras ibéricas era firme y milenaria, palpable aún hoy en vestigios de verbo y de piedra. Sin embargo, y por imperativo de la historia, los judíos volvieron a emprender los caminos de la diáspora, agregándose o fundando comunidades nuevas sobre todo en el norte de África, en los Balcanes y en el Imperio Otomano.

Los hijos de Sefarad mantuvieron un caudal de nostalgia inmune al devenir de las lenguas y de las generaciones. Como soporte conservaron el ladino o la haketía, español primigenio enriquecido con los préstamos de los idiomas de acogida. En el lenguaje de sus ancestros remedaban los rezos y las recetas, los juegos y los romances. Mantuvieron los usos, respetaron los nombres que tantas veces invocaban la horma de su origen, y aceptaron sin rencor el silencio de la España mecida en el olvido.

La memoria y la fidelidad han permanecido a lo largo de los tiempos en una numerosa comunidad que mereció el honor de recibir su reconocimiento con el Premio Príncipe de Asturias de la Concordia en 1990. Fue una decisión animada por el deseo de contribuir, después de casi cinco siglos de alejamiento, a un proceso de concordia que convoca a las comunidades sefardíes al reencuentro con sus orígenes, abriéndoles para siempre las puertas de su antigua patria. El otorgamiento de este premio había sido precedido, poco antes por un acontecimiento histórico: la primera visita de un Rey de España a una sinagoga. Fue el 1 de octubre de 1987 en el templo sefardí Tifereth Israel de Los Ángeles, California.

En los albores del siglo XXI, las comunidades sefardíes del mundo se enfrentan a nuevos desafíos: algunas quedaron maltrechas bajo la furia de los totalitarismos, otras optaron por los caminos de retorno a su añorada Jerusalén; todas ellas vislumbran una identidad pragmática y global en las generaciones emergentes. Palpita en todo caso el amor hacia una España consciente al fin del bagaje histórico y sentimental de los sefardíes. Se antoja justo que semejante reconocimiento se nutra de los oportunos recursos jurídicos para facilitar la condición de españoles a quienes se resistieron, celosa y prodigiosamente, a dejar de serlo a pesar de las persecuciones y padecimientos que inicuamente sufrieron sus antepasados hasta su expulsión en 1492 de Castilla y Aragón y, poco tiempo después, en 1498, del reino de Navarra. La España de hoy, con la presente Ley, quiere dar un paso firme para lograr el reencuentro de la definitiva reconciliación con las comunidades sefardíes.

PREÁMBULO II

La formación en España de una corriente de opinión favorable a los sefardíes proviene de tiempos de Isabel II, cuando las comunidades judías obtuvieron licencias para poseer cementerios propios, por ejemplo, en Sevilla y, más tarde, la autorización para abrir algunas sinagogas.

Siendo Ministro de Estado Fernando de los Ríos se estudió por la Presidencia del Gobierno la posibilidad de conceder, de manera generalizada, la nacionalidad española a los judíos sefardíes de Marruecos, pero se abandonó la idea por la oposición que se encontró en algunos medios magrebíes. También es de justicia reconocer que en 1886, a impulsos de Práxedes Mateo Sagasta, y en 1900 bajo la promoción del senador Ángel Pulido, se inició un acercamiento hacia los sefardíes, fruto del cual el Gobierno autorizó la apertura de sinagogas en España, la fundación de la Alianza Hispano Hebrea en Madrid en 1910 y la constitución de la Casa Universal de los Sefardíes en 1920. Todo ello reforzó los vínculos entre los sefardíes y España.

Históricamente, la nacionalidad española también la adquirieron los sefardíes en circunstancias excepcionales. Ejemplo de ello fue el Real Decreto de 20 de diciembre de 1924, en cuya exposición de motivos se alude a los «antiguos protegidos españoles o descendientes de éstos y, en general, a los individuos pertenecientes a familias de origen español que en alguna ocasión han sido inscritas en registros españoles y estos elementos hispanos, con sentimientos arraigados de amor a España, por desconocimiento de la ley y por otras causas ajenas a su voluntad de ser españoles, no han logrado obtener nuestra nacionalidad». Se abría así un proceso de naturalización que permitía a los sefardíes obtener la nacionalidad española dentro de un plazo que se prolongó hasta 1930. Apenas tres mil sefardíes ejercitaron ese derecho. Sin embargo, después de finalizado el plazo, muchos recibieron la protección de los Cónsules de España incluso sin haber obtenido propiamente la nacionalidad española.

El transcurso de la II Guerra Mundial situó bajo administración alemana a aproximadamente doscientos mil sefardíes. Florecientes comunidades de Europa Occidental y, sobre todo, de los Balcanes y Grecia padecieron la barbarie nazi con cifras sobrecogedoras como los más de cincuenta mil muertos de Salónica, una ciudad de profunda raíz sefardí. El sacrificio brutal de miles de sefardíes es el vínculo imperecedero que une a España con la memoria del Holocausto.

El Real Decreto de 20 de diciembre de 1924 tuvo una utilidad inesperada en la que probablemente no pensaron sus redactores: fue el marco jurídico que permitió a las legaciones diplomáticas españolas, durante la Segunda Guerra Mundial, dar protección consular a aquellos sefardíes que habían obtenido la nacionalidad española al amparo de ese Decreto. El espíritu humanitario de estos diplomáticos amplió la protección consular a los sefardíes no naturalizados y, en último término, a muchos otros judíos. Es el caso, entre otros, de Ángel Sanz Briz en Budapest, de Sebastián de Romero Radigales en Atenas, de Bernardo Rolland de Miotta en París, de Julio Palencia en Sofía, de José de Rojas y Moreno en Bucarest, de Javier Martínez de Bedoya en Lisboa, o de Eduardo Propper de Callejón en Burdeos. Miles de judíos escaparon así del Holocausto y pudieron rehacer sus vidas.

PREÁMBULO III

En la actualidad existen dos cauces para que los sefardíes puedan obtener la nacionalidad española. Primero, probando su residencia legal en España durante al menos dos años, asimilándose ya en estos casos a los nacionales de otros países con una especial vinculación con España, como las naciones iberoamericanas. Y, en segundo lugar, por carta de naturaleza, otorgada discrecionalmente, cuando en el interesado concurran circunstancias excepcionales. Como corolario, la Ley concreta ahora que concurren aquellas circunstancias excepcionales a que se refiere el artículo 21 del Código Civil, en los sefardíes originarios de España, que prueben dicha condición y su especial vinculación con España. Asimismo determina los requisitos y condiciones a tener en cuenta para la justificación de aquella condición. Con ello se satisface una legítima pretensión de las comunidades de la diáspora sefardí cuyos antepasados se vieron forzados al exilio. Entre la documentación solicitada adquiere singular relevancia el certificado expedido por la Federación de Comunidades Judías de España, en coherencia con el contenido del Acuerdo de Cooperación con el Estado aprobado por la Ley 25/1992, de 10 de noviembre.

Asimismo, es necesario proceder también, como complemento de lo anterior, a la reforma del artículo 23 del Código Civil para evitar que al adquirir la nacionalidad española deban renunciar a la previamente ostentada. Hasta el momento, los sefardíes son los únicos a quienes, concediéndoseles la nacionalidad con dos años de residencia se les obliga a esta renuncia.

En definitiva, la presente Ley pretende ser el punto de encuentro entre los españoles de hoy y los descendientes de quienes fueron injustamente expulsados a partir de 1492, y se justifica en la común determinación de construir juntos, frente a la intolerancia de tiempos pasados, un nuevo espacio de convivencia y concordia, que reabra para siempre a las comunidades expulsadas de España las puertas de su antiguo país.

Ley 12/2015, de 24 de junio, en materia de concesión de la nacionalidad española a los sefardíes originarios de España.

FELIPE VI REY DE ESPAÑA

cve: BOE A 2015 7045 Verificable en http:// www.boe.es Núm. 151

BOLETÍN OFICIAL DEL ESTADO

Jueves 25 de junio de 2015 Sec. I. Pág. 52558

SEFARDÍES Y NACIONALIDAD ESPAÑOLA

Ramón García Gómez

Profesor Asociado de Derecho Civil

Universidad de Salamanca

La Ley 12/2015, de 24 de junio, cuya entrada en vigor se ha producido el 1 de octubre de este año, constituye, sin duda, un paso de gigante en la definitiva extinción de una deuda histórica con los sefardíes al posibilitarles la adquisición de la nacionalidad española a los «originarios de España» descendientes de los expulsados en 1492, con el aliciente añadido de la exención de renuncia a su nacionalidad previa y sin exigencia de residencia en España. Esta norma es, quizás, el último hito de un reconocimiento cuyos orígenes, paradójicamente, habría que encontrar en 1860, cuando el ejército de O'Donnell entraba en Tetuán. De aquella manera, España se enteró de que, al otro lado del Estrecho, vivían miles de sefardíes descendientes de los expulsados que seguían hablando un castellano medieval. La aplicación, años más tarde, del Tratado de Lausana de 24 de julio de 1923, que puso fin a la i Guerra Mundial respecto de Turquía, donde existía una nutrida colonia sefardita, consideraba a éstos como una minoría traducida en entenderles como aparentes súbditos españoles, en tanto que para España eran nacionales turcos. En vista de esta ambigua situación, el Directorio de Primo de Rivera aprobó el Real Decreto de 20 de diciembre de 1924 sobre concesión de nacionalidad española por carta de naturaleza a protegidos de origen español. Su preámbulo indicaba que existían en el extranjero «antiguos protegidos españoles o descendientes de éstos», y en general pertenecientes a familias que, en alguna ocasión, habían sido inscritas en registros españoles. Era obvio que la norma pensa- ba en los descendientes de los judíos expulsados en 1492. De hecho, considerando que, con arreglo a la legislación española, la única forma de adquirir la naturalización era por solicitud individual, el Decreto decidió aplicar, por analogía, lo dispuesto en el viejo artículo 19 CC que, al conceder a los hijos de extranjeros nacidos en España la facultad de optar por la nacionalidad española cuando llegasen a la mayor edad, les autorizaba, si residían en el extranjero, para hacer esta manifestación ante los Agentes diplomáticos y consulares. No se podía decir más claro: los sefardíes se consideraban españoles de hecho, si no de derecho. Sin embargo, fueron pocos los que, dentro del plazo fijado (antes del 31 de diciembre de 1930), se acogieron a la norma y a los que la utilizaron se les eximió de las obligaciones militares, aplicándoles el régimen vigente para los españoles que residían en América y Filipinas, misma solución que adoptó la ii República, por Decreto-Ley de 27 de octubre de 1935.

Sin embargo, el espíritu del Decreto de 1924 prefería que los sefardíes (fuesen naturalizados o no) siguieran residiendo en el extranjero. En realidad, fueron muy pocos los que se instalaron en España. En septiembre de 1931, algunos sefardíes orientales pidieron la repatriación y se pensó en medidas simbólicas (devolverles la sinagoga toledana del Tránsito y transformarla en museo, solución que, por cierto, prosperó en la época de Franco) e incluso Fernando de los Ríos contempló la oportunidad de otorgar la nacionalidad española a todos los sefardíes del Protectorado de Marruecos, pero esta solución nunca prosperó. La Constitución de 1931 se limitó a dar facilidades a las personas que, siendo de origen español y residiendo en el extranjero, quisieran adquirir la nacionalidad española. Una Circular de 27 de febrero de 1933 indicaba que los «antiguos protegidos sefardíes» podían beneficiarse de aquella disposición, pero, el 2 de marzo de 1934, el gobierno Lerroux dio marcha atrás ante la coyuntura del contexto internacional. Concluida la Guerra, el gobierno franquista se instaló en el filo- sefardismo de Primo de Rivera y el Decreto-Ley de 29 de diciembre de 1948 reconocía la condición de súbditos españoles en el extranjero a determinados sefardíes, antiguos protegidos de España. El régimen no dudó en admitir la validez de los documentos otorgados en tiempos del gobierno Lerroux e incluso del Frente Popular de abril de 1936. Acompañaba al decreto-ley una orden circular de 1949 en la que se daba una lista de sefardíes de Egipto y de Grecia a quienes se concedía la nacionalidad.

La entrada en vigor de la Constitución de 1978 trajo a esta sede un nuevo campo de actuación. El artículo 22 CC redactado por el artículo único de la Ley 36/2002, de 8 de octubre, de modificación del Código Civil en materia de nacionalidad, establecía que para la concesión de la nacionalidad por residencia se requiere que ésta haya durado diez años, siendo suficientes cinco para los que hayan obtenido la condición de refugiado y dos cuando se trate de nacionales de origen de países iberoamericanos, Andorra, Filipinas, Guinea Ecuatorial o Portugal o de sefardíes. Bajo este principio, la vigente Ley 12/2015 establece un procedimiento de concesión de la nacionalidad de carácter especial por carta de naturaleza dando nueva redacción al artículo 23 b) CC, al decir que son requisitos comunes para la validez de la adquisición de la nacionalidad española por opción, carta de naturaleza o residencia la declaración de renuncia a su anterior nacionalidad, quedando eximidos «los naturales de países mencionados en el apartado 1 del artículo 24 y los sefardíes originarios de España». Evidentemente, el legislador considera que la condición de sefardí es, en sí misma, una circunstancia de carácter excepcional que permite la concesión de la nacionalidad española, suprimiendo la necesidad de residencia y la obligatoriedad de renuncia a la nacionalidad anterior, como venía sucediendo hasta el 1 de octubre de 2015, por razón de la «especial vinculación con nuestros valores y cultura». Esta vinculación supone que los interesados tengan un plazo de hasta tres años (prorrogable por otro), para expresar su deseo de adquirir la nacionalidad española, a partir de la entrada en vigor de la Ley. Transcurrido este plazo, cuando se acrediten circunstancias excepcionales o razones humanitarias, los sefardíes podrán solicitar la obtención de la nacionalidad española, cuyo otorgamiento corresponderá al Consejo de Ministros a propuesta del Ministerio de Justicia.

La acreditación de su especial vinculación exigirá, en cualquier caso, la superación de una prueba de evaluación de conocimientos de Lengua, Cultura y Costumbres Españolas, gestionada por el Instituto Cervantes, prueba de la que quedarán exentos los procedentes de países de habla hispana, pudiendo hacerse las gestiones de forma electrónica. En definitiva, los requisitos exigidos son los siguientes:

– Certificado expedido por la Secretaría General de la Federación de Comunidaes Judías de España, en el que se acredite la pertenencia del interesado a la comunidad sefardí.

– Certificado de la autoridad rabínica competente, reconocida legalmente en el país de la residencia habitual del solicitante o cualquier otra documentación que el interesado considere conveniente a efectos de probar su profesión de fe judía.

— Los apellidos del interesado de origen sefardí.

— El conocimiento del ladino (castellano antiguo) y su uso como idioma familiar.

— Cualquier indicio que demuestre la pertenencia del interesado a la comunidad judía sefardí.

— La justificación de la inclusión del interesado o su descendencia directa de una persona incluida en las listas de familias sefardíes protegidas por España a que hace referencia el Decreto-Ley de 29 de diciembre de 1948, o en cualquier otra lista análoga. Se incluyen también aquellos que obtuvieron su naturalización por la vía especial del Real Decreto de 20 de diciembre de 1924.

— La justificación de la vinculación o el parentesco colateral del solicitante con personas o familias mencionadas en el apartado anterior.

En realidad, el legislador español establece un procedimiento especial de concesión de la nacionalidad a favor de los sefardíes originarios de España sometida al cumplimiento de dos criterios:

1.o La justificación de la condición de sefardí de origen. 2.o La acreditación de la especial vinculación con España.

Respecto de la primera, precisa de los certificados de la comunidad judía, el conocimiento del ladino, tener apellidos sefardíes o una partida de nacimiento o contrato matrimonial, según las tradiciones de Castilla. Y, respecto del segundo, deben probarse, mediante antecedentes familiares, conocimientos del idioma o donaciones (aunque sean esporádicas) a entidades benéficas españolas. La vinculación es precisamente el capítulo en el que más se ha ampliado el haz de posibilidades y era una de las cuestiones más demandadas por las Comunidades Judías de España. La ley, además, detalla que el conocimiento de la lengua española exigido será a partir de ahora el «básico» (es decir, el A2 del Instituto Cervantes), por lo que quienes conozcan el ladino lo podrán superar sin aparente dificultad. Que el legislador pretenda la demostración empírica de lo que no deja de ser una vinculación con nuestro país, sin embargo, obstaculizará en ciertas ocasiones los trámites. En cuanto al procedimiento de solicitud, se establecerá un modelo normalizado por parte del Ministerio de Justicia de España, para su presentación por escrito, siendo precisa su ratificación presencial ante el encargado del Registro Civil municipal o consular correspondiente. Resultó inquietante que, tan pronto como el Gobierno anunció la elaboración del Anteproyecto de la actual Ley, comenzasen a circular falsas listas de apellidos que supuestamente otorgarían el beneficio de la nacionalidad española de forma automática. De hecho, la vigente Ley no incluye lista de apellidos, aunque reconozca que el apellido pueda ser una de las pruebas para demostrar que son descendientes de los sefarditas que salieron de España en 1492. Por su parte, cualquier sefardí de origen español, tenga o no una especial vinculación con España, puede presentar igualmente solicitud de adquisición de nacionalidad española por residencia ex arts. 21. y 22 CC, sin ninguna restricción temporal, pero sujeto a los criterios comunes de los citados preceptos.

Como nota crítica, el peso de la aplicación de esta norma recaerá específicamente sobre notarios y registradores, pudiendo encarecer el proceso y generando una suerte de cláusula penal a determinados solicitantes. Como criticable puede ser la exclusión de la adquisición de la nacionalidad española a otro tipo de colectivos, como los descendientes de saharauis, españoles hasta 1976 (cuestión ésta que sigue sus- citando notables problemas en el discurso internacional de los gobiernos españoles) o los moriscos descendientes de los musulmanes expulsados en 1609.

Ramón García Gómez, Profesor Asociado de
Derecho Civil
Universidad de Salamanca

Licenciado en Derecho por la Universidad de Salamanca en 1992, en la que cursó sus Estudios de Doctorado. Becario de Colaboración y de Investigación entre 1990 y 1997, Profesor Ayudante entre 1998 y 2003, Profesor Colaborador entre 2003 y 2007 y en la actualidad, Profesor Asociado de Derecho Civil con docencia en las Facultades de Derecho y Economía y Empresa. Miembro del Centro de Estudios de la Mujer USAL y Abogado del Ilustre Colegio de Zamora. Ha desempeñado una extensa labor docente e investigadora, participando en cursos como el de Formación de Asesores Jurídicos en Consumo, Master Universitario en Intervenciones en Psicoterapia; Jornadas de Criminología y Violencia Juvenil, Consumo de Caja Duero y otros. Participa en Proyectos de investigación, en los que ha trabaja en temas como medio ambiente, familia y contratos. Ha sido Co-Director de organización de cursos extraordinarios y tiene en su haber contribuciones a congresos con temática diversa dentro del Derecho Civil. Entre sus publicaciones, numerosas, colabora frecuentemente con editoriales especializadas, mereciendo destacar: la Acción pauliana (2009); Desigualdad material e igualdad formal (2008); "Assertio contra infectas hispaniae leges" (2008); Matrimonio como sexo institucionalizado (2008); Divorcio y matrimonio (2007); Lesiones cervicales derivadas de accidentes de circulación (2007); Daños causados por colisión en rotonda (2007); Simulación y fraude de derechos legitimarios (2007); Condiciones generales de la contratación y responsabilidad civil (2006); Convenio arbitral de consumo (2006); Sistema arbitral de consumo (2006); Daños causados por irrupción de animales en la calzada (2006) y por caídas en establecimientos hosteleros (2006); Acción rescisoria por fraude de acreedores (2006); Acción de repetición por pago de lo indebido (2006); Tercería de dominio (2006); Mujer soltera y ocultación de maternidad (2004); Ausencia y declaración de fallecimiento (2004); Acogimiento de menores (2004); Contrato de unión civil (2001); Hospedaje y Turismo (1997); Enclaves compostelanos en tierras salmantinas (1995); Rito mozárabe en la catedral de salamanca (2003) y Actos de gravamen sobre bienes del menor (2000). Es autor participante de la Base de Datos en CD-Rom sobre Derecho de Daños de la Editorial Jurídica La Ley.

Pagina web: http://campus.usal.es/~masterderechoespanol/profesorado/cv/GarciaR.html